AF476008

NOTICE

DE

L'ÉGLISE SAINT-SAUVEUR.

NOTICE

HISTORIQUE ET DESCRIPTIVE

DE

L'ÉGLISE MÉTROPOLITAINE

SAINT-SAUVEUR, D'AIX,

(PROVENCE)

PAR L'ABBÉ E. F. MAURIN.

> Retracer l'histoire des monuments sacrés, c'est rappeler la charité et la piété de nos pères qui les firent construire.

AIX,
TYPOGRAPHIE NICOT ET AUBIN, 21, PONT-MOREAU.
1839.

A Monseigneur

L'ILLUSTRISSIME ET RÉVÉRENDISSIME

JOSEPH BERNET,

ARCHEVÊQUE D'AIX, D'ARLES ET D'EMBRUN.

Monseigneur,

Vous avez bien voulu me permettre de vous présenter ma notice contenant, en abrégé, l'histoire et la description de votre église métropolitaine.

Vous m'avez fait l'honneur d'en accepter l'hommage, avec cette bienveillance éclairée qui sait si bien encourager toutes les études, tous les travaux quelqu'imparfaits qu'ils soient. Votre suffrage, Monseigneur, sera la première et la plus douce récompense de mes efforts.

J'ai essàyé de restituer à notre vieille basilique de St-Sauveur tout son passé glorieux. Vous faites mieux, MONSEIGNEUR, vous assurez son avenir par des travaux et des embellissements auxquels les arts comme la religion applaudissent. C'est ainsi que vous vous montrez digne de succéder aux illustres prélats qui, secondés par la foi et la charité de nos péres, élevèrent cet antique monument. Votre zèle, MONSEIGNEUR, recevra sa récompense ; les arts et la religion porteront votre nom à la postérité.

Pour moi, je serais heureux si votre grandeur veut bien, en parcourant ce travail incomplet, avec sa bienveillance ordinaire, y voir tout à la fois et une preuve de mon zèle et l'expression des sentiments de respect et de dévoûment avec lesquels

J'ai l'honneur d'être,

MONSEIGNEUR,

Votre très-humble et très-obéissant serviteur,

L'ABBÉ E. F. MAURIN

TABLE DES MATIERES.

NOTICE

HISTORIQUE ET DESCRIPTIVE

DE LA

MÉTROPOLE SAINT-SAUVEUR D'AIX.

CHAPITRE PREMIER.

PARTIE HISTORIQUE.

Nous ne prétendons point fixer, dans cette notice, l'époque où le christianisme fut prêché en Provence, ni désigner les premiers apôtres de la nouvelle religion; nous pouvons assurer néanmoins, d'après le témoignage des Pères de l'Église, qu'elle y fut connue dès les premiers siècles (1).

Mais les persécutions des empereurs et l'attachement de nos pères pour le culte de leurs ancêtres furent cause qu'elle ne fit d'abord que très-peu de progrès et *qu'elle ne fut embrassée que de peu de personnes*. (2)

Une ancienne tradition nous apprend que ceux des habitants de la ville d'Aix qui, les premiers, reçurent la foi de Jésus-Christ, construisirent une petite chapelle, non loin d'un temple d'Apollon, qu'ils dédièrent au Sauveur du monde (3).

(1) Voyez la dissertation préliminaire de l'Histoire de l'Église gallicane, par le père Longueval, 1re et 2me propositions.

(2) Tom. 1er. Conc. gall., p. 348.

(3) Cette tradition nous paraît dénuée de fondement; car on sait que les premiers chrétiens avaient grand soin de cacher aux infidèles le lieu de leur réunion, et qu'ils ne s'assemblaient guères que dans les lieux les plus écartés des maisons, comme le firent les apôtres Saint-Pierre à Rome et Saint-Paul à Troade. Comment donc supposer que les premiers chrétiens provençaux eussent construit leur premier oratoire aussi près d'un temple payen, et se fussent ainsi exposés à leurs insultes et à leurs persécutions ?

Par la suite le nombre des chrétiens s'étant accru, ils élevèrent dans la ville des Tours (1) un sanctuaire à la mère du Christ, qui fut depuis érigé en cathédrale sous le titre de Notre-Dame *de la Seds*. Il était situé dans le local occupé aujourd'hui par le monastère du St-Sacrement.

Cet état de choses dura jusqu'en 731, époque où les Barbares ayant fait une irruption en Provence, fondirent sur la cité de *Sextius* et la détruisirent de fond en comble, à l'exception des tours de l'ancien palais et de la muraille qui servait d'enceinte au temple payen.

Ces Barbares ayant été vaincus et refoulés en Espagne par Charles-Martel et quelque temps après par Charlemagne, la tranquillité fut rétablie et les habitants des villes qui avaient pu échapper au fer des ennemis par la fuite, s'empressèrent de venir rebâtir leur cité. (2).

(1) Elle était située au couchant de la ville actuelle; à l'extrémité du faubourg St.-Jean-Baptiste, du côté de la route royale de Paris.

(2) Les édifices publics que les Romains avaient construit dans leur colonie, tels que l'amphithéâtre, le temple d'Auguste, les thermes, etc., qui n'avaient pas été entièrement détruits, le furent par les habitants, à qui les magistrats d'alors, permirent d'en enlever les

Ceux d'Aix se hâtèrent de réédifier le temple qu'ils avaient élevé en l'honneur de Marie et qui continua d'être le siège de leur premier pasteur.

Ce ne fut guères qu'en 1060 que l'évêque Rostang de Foz (1) et Benoît, prévôt de son chapitre, ayant exhorté les fidèles à rebâtir l'ancienne chapelle dédiée au Sauveur des hommes, ceux-ci répondirent avec joie à cet appel, et joignant leurs aumônes à celles du prévôt, ils construisirent une nouvelle église sous le même titre; on releva l'ancien oratoire de ses ruines et on le réunit au nouvel édifice, sous le nom de Ste-Chapelle. (2)

Le prévôt fit en même temps construire, à ses frais, le baptistaire, le cloître et les diverses habitations qui l'entourent. Il appuya toutes ces constructions, ainsi que la nouvelle église,

pierres, qu'ils trouvaient toutes taillées pour la reconstruction de leurs maisons. Les magistrats eux-mêmes profitèrent de ces matériaux pour construire les nouveaux édifices publics, comme on peut le voir par la porte de la grande horloge.

(1) Papon, Histoire de Provence, tome 1er, Statistique du département, tome 2, page 167.

(2) Porte, *Aix ancien et moderne*, deuxième édit. p. 152.

contre le mur qui avait servi d'enceinte au temple d'Apollon.

Tout étant terminé en 1080, il vint, accompagné de six chanoines, habiter St-Sauveur pour desservir la nouvelle église, et Pierre III, qui occupa quelque temps après le siège d'Aix, la consacra au commencement du douzième siècle, en 1110.

« Dans les temps (1) qui suivirent les cons-
» tructions faites par le prévôt Benoît, les habi-
» tants crurent trouver plus de sûreté en se
» mettant à portée d'être secourus et défendus
» par les tours du palais et par un fort qu'ils
» élevèrent dans le lieu où a été ensuite bâtie
» la chapelle de St-Eutrope; c'est ce qui a
» donné lieu aux deux villes qui se formèrent,
» l'une autour de la cathédrale moderne, qui
» fut appelée le bourg St-Sauveur, l'autre aux
» environs des anciennes tours et qui fut nom-
» mée la ville comtale. » Une des portes de cette dernière subsiste encore, c'est celle qui est en dessous de la tour de la grande horloge, et qui lui sert de base, on y voit même encore les gonds.

(1) Manuscrits de M. le président de St.-Vincens.

La ville des Tours ayant été peu à peu abandonnée par ses habitants, *Arnaud de Barchesio*, archevêque d'Aix, quitta l'ancienne demeure de ses prédécesseurs (aujourd'hui le moulin à vapeur), et vint établir à St-Sauveur le siège de l'épiscopat en 1332 (1), il habita d'abord les appartements du prévôt Benoît dans le cloître.

CHAPITRE II.

—

LE CLOCHER.

Le premier monument que l'on aperçoit, quand on arrive à Aix, soit du côté d'Avignon, soit du côté de Marseille, c'est le clocher de St-Sauveur.

Cet édifice, l'un des plus imposans de la

(1) Sch. Pitton, annales de l'église d'Aix.
Idem, Porte, *cit. suprà.*

ville, fut élevé sur l'emplacement d'une ancienne chapelle, durant l'épiscopat de *Jacques de Cabrières de Concos*, sous le règne de *Robert*, comte de Provence et le pontificat de *Clément V. Hugonus Jamelius*, archidiacre de la métropole, en posa la première pierre le 16 juin 1323, et l'architecte Pierre *de Burle* en dirigea les travaux. Mais la peste s'étant déclarée quelque temps après dans la ville, on fut obligé de les suspendre, et ce ne fut qu'en 1411, sous l'épiscopat de *Thomas de Pupio* qu'on les reprit.

Cette construction gothique, passe pour une des plus belles du quinzième siècle. Elle est d'une architecture simple et de bon goût. Carrée jusqu'à une hauteur qui surpasse celle de la voûte de l'église, elle s'élève ensuite en tour octogone; les faces en sont percées par de très-hautes fenêtres, formant une espèce de galerie, dont l'aspect ne saurait être plus imposant. L'ensemble en est grandiose, et l'artiste qui en traça le dessein se plut à le décorer de tous les ornements dont il était susceptible. On y trouve aussi toute la majesté qui distingue l'architecture de ce moyen âge si grand, que nous ne pouvons plus l'égaler.

Il a en tout cent quatre-vingt pieds de haut (mesure *ancienne*) (1).

» Enfin, en 1425, *Aimon de Nicolaï*, étant » archevêque, on garnit la tour de ses cloches, » au nombre de huit, dont quatre principales » à la partie inférieure et quatre à la partie » supérieure.

» Les grandes cloches, dit un historien, » étaient sonnées par les *campaniers de ville*, » chacune d'elles avait un nom. La plus grande » appelée *Maimé* (Maxima), ayant été brisée » par un boulet de canon, lors des guerres de » la Ligue, le chapitre en ordonna la refonte

(1) Bien des personnes estimables d'ailleurs, ont cru jusqu'à présent que ce beau monument était demeuré inachevé. Ainsi les uns auraient désiré que la tour fut terminée par une flèche élégante; les autres par une espèce de calotte ou de lanterne surmontée d'une croix; quelques-uns enfin, par je ne sais quoi, qui, selon eux, témoigne clairement que l'édifice est demeuré imparfait, comme s'il n'y avait pas assez en France et en Europe de flèches gothiques, et que nulle tour d'église ne put être parfaite sans cela. Il est visible d'ailleurs, que d'après le plan et l'idée de l'auteur, la partie supérieure est trop légère et trop élancée pour supporter une telle masse.

» en 1599. *Nicolas Rossignol*, fondeur de Mar-
» seille, et *Christophe Bornant*, fondeur d'Avi-
» gnon, furent chargés de ce travail, moyennant
» le prix de deux écus et demi le quintal. Il
» fut convenu qu'elle pèserait cinquante quin-
» taux quarante livres, comme l'ancienne,
» mais elle ne pesa que quarante-huit quintaux.
» Elle fut bénite le 5 novembre 1599, par un
» évêque de *Sisteron*. Le chapitre, représenté
» par son prévôt, en fut le parrain et la mar-
» quise de *Lafare* la marraine. (1) »

Toutes ces cloches ont subsisté jusqu'à l'époque de la révolution de 89; elles furent alors toutes brisées. On ne laissa subsister que la plus petite appelée *Madeleine*, pour cause d'utilité publique. C'est celle que l'on y voit encore.

CHAPITRE III.

—

LE PORTAIL DE LA GRANDE NEF.

Le portail de la grande nef est du 15me siècle, et l'un des plus beaux ouvrages de ce temps. Il

(1) Porte, Histoire de Saint-Sauveur, manuscrit.

est bâti tout en pierre blanche de *Calissane* (1). L'archevêque *Olivier de Pennart*, qui venait de faire terminer la grande nef, le fit commencer en 1477 en présence du roi René, et les architectes *Léon Alveringue* et *Pierre Soqueti* furent chargés de ce travail. Le premier exécuta la partie basse de la façade jusqu'à l'endroit où sont les apôtres ; et le second fit tout le reste.

(1) Cette carrière est située à quelques lieues d'Aix, près de *Berre* non loin de l'Étang qui porte ce nom. La qualité de pierre qu'on en tire est fort belle. Elle est fine, blanche, légère et prend sous le ciseau du sculpteur les formes les plus grâcieuses. On la taille facilement dans la carrière, et elle acquiert toujours plus de consistance à l'air où elle perd insensiblement sa blancheur et son éclat ; cette pierre s'est formée sous les eaux par un détritus fin des coquilles, qui s'est amoncelé en couches, et s'est durci lentement. Le sablon de mer un peu quartzeux, les molécules fines de mica et une terre absorbante animale, qui a du rapport avec la craie, ont concouru aux diverses mutations qu'elle a dû essuyer successivement. Lorsque les molécules de cette pierre sont moins fines et moins atténuées, les coquilles y existent encore en entier.

Darluc, Hist. naturelle de la Provence, tom. 1er, pag. 424.

Les ouvriers qui travaillaient au portail gagnaient par jour six *patats* (petites pièces de monnaie de ce temps), ou deux pains du chapitre et un quarteron de viande, ce qui équivaut à un franc cinquante centimes de notre monnaie. (1)

Cette façade est très-remarquable par le fini, l'élégance et la hardiesse des divers ouvrages qui concourent à son ornement. Elle offre, dans ses diverses sculptures, un grand tableau de la gloire du ciel. Quatre grands clochetons, ornés de dentelures, décorent ses côtés. L'arcade est en tierspoint et formée de plusieurs bandes, sur l'une desquelles sont tout autour les patriarches assis sur des sièges élégants, dont l'un sert de couronnement à l'autre. En dessous de la pointe de l'ogive est Dieu le père, assis de même dans une niche entouré de tous ses anges. Dans le tympan, se trouvait autrefois représentée la transfiguration de Jésus-Christ. On y voyait le Sauveur du monde sur la montagne de Thabor, qui y est encore, ayant à ses côtés Moïse et Elie, et les apôtres Pierre, Jacques et Jean étaient à ses pieds. Ces diverses statuettes ayant été empor-

(1) Archives du chapitre et Fauris de Saint-Vincens.

tées par la tourmente révolutionnaire, on ne les a point remplacées, mais on voit à la place un ignoble cadran d'horloge qu'on aurait dû s'empresser de faire disparaître, quand on voulut réparer ce portail.

Les côtés inférieurs, décorés de grandes et belles niches, surmontées de pyramides transparentes, étaient occupés par des statues en pied, qui portaient les marques distinctives des apôtres.

Il y avait en outre, dans les diverses faces des grands clochetons, et de chaque côté de la grande fenêtre, qui est en dessus de la première galerie dentelée, d'autres statues en pied représentant les principaux saints honorés dans cette église, tels que St-Maximin, premier apôtre d'Aix, Ste-Madeleine, St-Mitre, célèbre martyr de cette ville, St-Sidoine, deuxième évêque de cette église, St-Louis, évêque de Toulouse, et les autres personnages historiques du temps, tels que Louis XI, roi de France, et Charles III, dernier comte de Provence. M. le président de St-Vincens assure qu'elles avaient été faites d'après des portraits originaux. Mais le marteau révolutionnaire laissa vides les élégantes niches qui les renfermaient. Une seule, celle de l'archange Saint-Michel, qui est au dessus de la galerie supérieure, échappa néanmoins à la destruction générale; on se contenta de la mutiler et de la transformer en une espèce de dieu Mars, ridiculement affublé du bonnet phrygien.

Il y a quelques années, un ouvrier ambulant (qui d'ailleurs ne manquait pas d'habileté) fut chargé d'exécuter au rabais, comme l'a dit quelqu'un, les autres statues qui manquaient, et la façade fut ainsi profanée par ces grotesques représentations, que l'administration devrait se hâter de faire retoucher pour les rendre dignes, autant que possible, du quinzième siècle; elle devrait aussi, ce nous semble, remplacer celles du mont de la transfiguration.

Les dalles qui forment le parvis et les degrés de la grande porte, avaient été trouvées avec des colonnes antiques, dans de profondes fouilles, faites lors de la construction de l'aire, dite du Chapitre, tout près de l'hôpital général en 1626. Celles de la porte de la nef du *Corpus Domini*, qui est à côté, proviennent de la même source. (1)

(1) Registres du chapitre.

On entre dans la grande nef de la basilique par deux grandes portes séparées par un pilier percé d'une niche dans laquelle se trouve une statue de la Vierge de style gothique.

Les valves ou battants qui les ferment sont toutes chargées de sculptures du seizième siècle. C'est ici peut-être le monument le plus précieux et le plus remarquable en son genre, non-seulement de la ville d'Aix et de la Provence; mais encore de la France entière.

Elles font voir ce que c'était que la patience des hommes d'autrefois et le fini de ce siècle. « On les a crues pendant longtemps en bois » de cèdre, dit l'auteur de la statistique du » département, elles sont réellement en noyer; » elles furent sculptées en 1504. Chacun des » deux ventaux est divisé en deux parties iné- » gales. La plus basse représente deux person- » nages qu'on croit communément être deux » prophètes; la plus élevée porte, sur deux » rangs, six figures de femme que l'on dit être » des sybiles. » Rien ne nous autorise à admettre cette explication, car aucun attribut distinct n'accompagne ces statuettes, et l'idée de l'artiste s'est perdue dès que l'inscription qui devait se trouver sur le phylactère qu'elles tiennent en main s'est effacée. Dailleurs l'antiquité n'en reconnut jamais que dix, que l'on désignait par un nom particulier, marquant le pays qu'elles habitaient. Voici dans quel ordre *Varron* les classe : la *Persique* (nommée aussi *Babylonique* ou *Chaldéenne*), la *Lybienne*, la *Delphique*, la *Cumée*, l'*Erytréenne*, la *Samienne*, la *Cumane* ou *Lucanienne*, l'*Hellespontine*, la *Phrygienne* et la *Tiburtine*. Du reste, ces statues sont d'une proportion plus petite que celles des prophètes, mais comme elles sont sur deux rangs, l'espace qu'elles occupent est d'une plus grande élévation, ainsi que l'exigeaient la raison et la bonne distribution des parties. Toutes ces figures sont vêtues comme on l'était à la fin du quinzième siècle. Elles ont d'ailleurs du caractère et de l'expression, les compartiments sont ornés d'arabesques et séparées par des guirlandes de fleurs et de fruits, soutenues par des anges ou des génies traités avec beaucoup de goût. Les feuillages qui entourent les niches des statues sont d'une telle légèreté qu'ils semblent se remuer au soufle de votre haleine. C'est en tout un ouvrage admirable de détails; on y remarque jusqu'à des insectes, tels que limaçons, mouches et papillons. Il est défendu, à l'extérieur, par de doubles portes qui n'ont rien de remarquable, mais des dégradations assez nombreuses annoncent que cette précaution a été prise trop tard.

Les premières, à l'intérieur, sont décorées de longues plaques en bronze de quatre pouces de large et quatre lignes d'épaisseur, sur lesquelles on a reproduit avec la plus grande délicatesse quelques-unes des arabesques qui décorent la partie extérieure et qui en forment les divers compartiments. Il est étonnant que les auteurs qui ont écrit sur ces portes n'aient pas remarqué cette circonstance.

Le portail qui est à droite et qui ouvre le passage de l'ancienne cathédrale, appelée aujourd'hui nef du *Corpus Domini* ou du St-Sacrement, est attenant au mur romain dont nous avons parlé plus haut. Il est formé par un plein cintre, soutenu par deux colonnes cannelées et surmonté d'une élégante corniche, soutenue aussi par deux autres colonnes antiques. Le tympan, ainsi que l'arc, sont appuyés sur une plate-bande en pierre jaune et sans ornement en dessus de l'architrave, probablement pour retenir le fronton qui devait menacer ruine. Ce dernier travail est moderne.

Le reste paraît dater du temps de la construction de l'ancienne cathédrale, c'est-à-dire du onzième siècle, à l'exception des colonnes et de leurs chapiteaux qui paraissent plus anciens, et probablement ont appartenu à quelque monument antique de la colonie romaine.

CHAPITRE IV.

NEF DU SUD OU DU CORPUS DOMINI.

Après avoir descendu quelques marches, on entre dans la nef dite du *Corpus Domini*, qui n'est autre que l'ancienne cathédrale du prévôt Benoît. Ses formes, quelque peu lourdes, ses piliers surmontés de diverses colonnettes aux chapiteaux corinthiens; les arcs doubleaux, simples et sans ornement, dont quelques-uns sont à plein cintre et d'autres en tiers point, rappellent de suite au voyageur l'architecture *bizantine*, telle qu'on l'exécutait dans le onzième siècle. La corniche qui parcourt la longueur des murailles latérales, est assez belle de sculpture; elle est formée d'un côté par des feuilles d'acanthe, et de l'autre de chêne. Celle du pilier en dessus du bénitier est remarquable par la figure d'un vigneron renversé, ayant le costume des cultivateurs de ce temps, et celle du pilier vis-à-vis par deux griffons qui boivent dans un calice soutenu par un ange.

La première chapelle latérale, à droite, a été rebâtie en 1535 par Honoré de Pinchinat, chanoine de St.-Sauveur. On y voit à droite, en entrant, une large niche, au bas de laquelle se trouve son tombeau avec son épitaphe, ainsi conçue :

HIC IN PACE QVIESCIT EGREGIVS AC VENERABILIS
VIR DVS. HONORATI PINCHINATI METROPOLITANÆ
ECCLES. CANONIC. QVI ANNO SALVTIS 1535 HANC CAPELLA.
OB HONORE. DEI ET RESVRRECTIONIS CHRISTI C. S. TRUI FECIT
EAMQVE DOCTAVIT PROSVA SVORVM PARETV. ANIMARVM
SALVTE. OBIIT ANNO 1541 ET DIE S. C. DA MAII.

On avait déposé sur ce tombeau, au fond de la niche, un bas-relief antique représentant l'accouchement de Léda, qui avait fait partie d'un autre tombeau romain. Il est présentement dans le Musée de la ville.

Cette chapelle qui, avant la révolution de 89, était entourée d'armoires et servait de vestiaire à MM. les chanoines, est aujourd'hui l'entrepôt des chaises de l'église.

Au-dessus du bénitier est un tableau qui représente le Christ mourant et Marie contemplant avec douleur son fils au pied de la croix; il a été peint par *Levieux*. Cette image est pleine de douceur et d'expression. Les figures en sont un peu courtes.

Le baptistaire, qui fait maintenant partie de la nef du St.-Sacrement par les deux ouvertures pratiquées à l'époque de sa reconstruction, en était totalement séparé du temps du prévôt Benoît. Celui-ci l'avait fait bâtir dans une tour séparée de l'église, selon l'usage d'alors. L'on y voyait d'autres colonnes de Granit plus petites que celles d'aujourd'hui, qui furent enlevées comme inutiles lorsqu'on le réédifia; la reconstruction dont nous parlons fut commencée en 1577 et terminée deux ans après, aux frais du chapitre et de Jean de Leone (1).

Cet édifice, en forme de rotonde, est sur-

(1) De Haitze, manuscrits de la bibliothèque Méjanes.

monté d'un dôme et d'une lanterne qui l'éclairent; ils sont soutenus par huit belles colonnes d'ordre corinthien, dont six en marbre de vert antique, et deux en granite (1), ce qui prouve qu'elles ne pouvaient pas servir toutes à orner le temple d'Appolon, mais qu'elles ont été prises à différens monumens de l'ancienne cité. Elles sont toutes surmontées de chapiteaux d'un travail admirable (2).

L'intérieur du dôme est un octogone dont chaque face offre en relief, ou des couronnes de fleurs, au milieu desquelles se trouve l'anagrame du Christ XP, ou un écusson en marbre uni.

Il serait à désirer que l'on plaça des tableaux

(1) Le granite est une pierre grise composée de molécules quartzeuses, de feldt-spaht et de mica; il couvre la cime ordinairement pélée des montagnes de l'Esterel, situées prés de Fréjus (département du Var), d'où les Romains avaient tiré ces colonnes, ainsi que toutes celles qui ornaient les divers temples qu'ils avaient élevés dans la Provence. Ce granit reçoit difficilement le poli. — Darluc, Hist. naturelle de Provence, t. 3, p. 225.

(2) Ces colonnes ont 6 mètres de haut et 75 centimètres de diamètre.

au-dessus de chacun des sept autels qui s'y trouvent, et que ce sanctuaire ne fut plus dans cet état de nudité, dans lequel il est depuis si longtemps.

On aurait dû, ce nous semble, quand il fut décidé, que l'on couvrirait les anciennes tombes d'un nouveau carrelage, faire graver sur des dales en marbre les inscriptions et les portraits en pied qui se trouvaient sur les pierres tumulaires, et les placer sur les anciennes. L'antiquaire n'aurait pas à regretter maintenant ces monumens de la piété de nos pères.

Nous allons, pour la satisfaction de l'archéologue, transcrire ici ces épitaphes que M. Porte, savant distingué de cette ville, aussi modeste qu'érudit, eut soin de copier avant qu'on les couvrît de mortier.

Une de ces tombes rappelle le souvenir d'*Alanus*, qui, après avoir été nommé chanoine de St.-Sauveur, fut nommé à l'évêché de Sisteron. Il est représenté au trait, de grandeur naturelle, couvert de ses habits pontificaux, avec cette inscription :

ANNO DOMINI MILLESIMO CCLXXVII.
X KL. OCTOBRIS HIC TVMVLATAS[1].
INTESTINA ET VISCERA ION. ALANI

CISTERICEN. EP. QVI RELIQVIÆ PRO
ANNIVERSARIO SVO XXX SOLDOS
HIC ANNVATI SVP. DOMVM SVAM
ORATE PRO EO.

Un autre tombeau, également placé aujourd'hui sous le carrelage, contient l'inscription suivante :

HIC JACET NOBILIS ET EGREGIVS DVS.
. . . . DECRETIS MANIQ.
REGIE PROVINCIÆ CVRÆ MAGISTER RATIONALIS
QVI OBIIT IE VIII MENSIS DECEMBRIS AN. DN.
MILLESIMO QVADRINGENTESIMO SEXTO.

Les fonts baptismaux, qui sont au milieu de la rotonde, sont aussi de forme octogone; ils sont élevés sur trois marches et ont sur chaque face des ornements gothiques en forme d'ogives.

Immédiatement après le baptistaire, se trouve la porte des cloîtres. Vis-à-vis et au milieu, était l'autel de la cathédrale du moyen âge, en dessus duquel est un dôme entouré de douze élégans pilastres d'ordre corinthien qui en suivent la courbe. Aux angles formés par les quatre piliers qui le soutiennent, sont les emblèmes des quatre évangélistes.

L'espace qui existe depuis ce dôme jusqu'au transept de la grande nef, formait le chœur de l'ancien chapitre, que l'on nommait aussi *chorum Sti.-Maximini*, du nom du premier apôtre d'Aix. C'est là que finissait l'église du prévôt Benoît. Il est probable néanmoins qu'elle était accompagnée d'une abside, comme toutes les autres basiliques du temps.

Vient ensuite la sacristie de la paroisse, qui est attenante à la chapelle de la croix; celle-ci, de construction gothique, fut bâtie dans le seizième siècle par *Raymond du Puget*, seigneur de Fuveau, homme de lettres et conseiller du roi René en 1531. *Jacques du Puget*, son parent, l'avait faite fermer par un grillage en fer.

La grande fenêtre qui l'éclaire est remarquable par les contours fantastiques et sans nombre des meneaux de pierre, qui s'élançent comme autant de jets de flamme dans sa partie ogivale. C'est le seul exemple de *style flamboyant* que l'on trouve dans cette église. Ces nervures laissent entre leur jonction un assez grand nombre d'ouvertures en forme de cœurs, de trèfles, d'ellipses, etc., remplies par diverses figures d'anges et de chérubins, qui pincent de la guitare ou d'autres instrumens. La pointe de l'ogive est terminée par un médaillon représentant une colombe aux aîles déployées, figure du St.-Esprit. Trois meneaux divisent cette fenêtre en lancettes, dépouillées en partie de leurs vitraux, surtout dans le bas. On y voit encore la représentation de deux personnages, dont l'un, celui de gauche, paraît être un guerrier orné de sa cuirasse et de son casque, et l'autre, celui de droite, une princesse en prière, ayant une couronne sur la tête; ils sont placés dans des niches formées par des draperies différentes les unes des autres par leur couleur, avec un pinacle surmonté de deux ou trois clochetons chargés de leurs aiguilles, hérissées elles-mêmes de feuilles grimpantes. Il devait y avoir, dans la partie inférieure, qui a été dégradée, d'autres petites niches en dessous des personnages, où se plaçaient les anges supportant des écus armoriés.

Toute cette architecture est exécutée en grisaille rehaussée avec le jaune nouvellement découvert à l'époque de sa construction; ces vitraux se font surtout remarquer par la pureté du dessein et le brillant de leur couleur. On les attribue à trois artistes célèbres qui vivaient en ce temps-là : le premier, appelé *Guillaume*, revenait d'Italie, où il s'était perfectionné, c'était le plus habile; le second s'appelait *Claude*, tous deux marseillais ; le troisième, qu'on nommait *Marcel*, était aussi provençal. Ils étaient si distingués dans leur art, que *Bramante*, chargé par le Pape Jules II d'orner les fenêtres du Vatican, les appela à Rome pour cet effet.

Il est vraisemblable qu'ils dûrent consacrer leurs talens à l'embellissement de la principale église de la Provence, leur patrie (1).

L'autel est orné d'un des plus beaux tableaux de *Daret;* cette peinture joint à une composition noble, des expressions pleines de vérité, un dessin correct et un beau coloris. Il aurait besoin d'être approprié, pour que les amateurs pussent mieux l'apprécier.

En face se trouve un petit oratoire, en dessous du faux orgue, dédié autrefois au prince des apôtres, et maintenant à sainte Magdeleine, comme le marquent les inscriptions qui sont devant la porte.

On a voulu substituer cet oratoire à l'antique

(1) Schelegel, Leçons sur l'histoire et la théorie des beaux-arts.

chapelle qu'en 1808 Mgr. Champion de Cicé fit abattre, sous prétexte de régulariser la nef du Saint-Sacrement. Elle était attenante au pilier où est encastrée l'épitaphe d'*Adjutor*, que nous transcrirons ci-après.

Renversée d'abord par les Barbares, on la releva à l'époque de la construction de l'ancienne cathédrale, à laquelle on l'unit; ce monument était de forme oblongue et couvert, il occupait l'espace qui existe depuis ce pilier jusqu'à la porte de la sacristie capitulaire. Il fallait, comme aux fonts baptismaux, descendre trois marches pour y pénétrer. L'entrée, la façade et les fenêtres de ce petit temple étaient décorées d'ornemens gothiques, et la porte qui était un grillage en bois de noyer, très curieuse sous le rapport des sculptures, existe encore, quoique dégradée, et sert de cloison au troisième étage de la maison canoniale, autrement dite la maîtrise. Le sol était dans le principe couvert d'une belle mosaïque qui avait dû très-certainement appartenir à quelque édifice plus ancien et romain, sur lequel l'oratoire aurait été construit; dans la suite, sans doute, pour exhausser le terrain, on l'avait recouverte de dales en pierres. Les restes de cette mosaïque devinrent à l'époque de la destruction de la chapelle, la propriété du maçon qui les transporta à sa maison de campagne où on les a vus pendant longtemps.

L'autel qui était au fond n'avait qu'un seul gradin, sur lequel était la représentation en pierre de la transfiguration; il y avait de chaque côté deux antiques colonnes qui soutenaient une architrave-corniche sur laquelle était la figure aussi en pierre de la Magdeleine couchée sur un rocher. Le tout a été transporté dans la chapelle actuelle de la sainte, avec cette différence que la transfiguration a disparu tout à fait, et que la Magdeleine pénitente repose sur le gradin de l'autel. Une grisaille de fort peu de valeur représente assez bien néanmoins, la montagne et la grotte de la Ste.-Baume, où l'on dit qu'elle termina ses jours dans la pratique de la plus austère pénitence.

Le grand tableau qui est à côté de la sacristie dans le transept du *sud*, représente le martyre de St.-Appien, peint par feu M. Gassier. C'est un de ceux qui furent donnés à la ville par le gouvernement, à la prière de M. de Forbin-Janson.

La chapelle qui est en face de la nef est celle que l'on nomme du *Corpus Domini* ou du St.-Sacrement. Elle a été construite, ainsi que son ancien autel, qui est aujourd'hui dans la chapelle de St-Joseph, aux frais de Jean Mounier, prêtre et doyen des bénéficiers du chapitre, en 1739, comme on peut le voir par l'inscription qui se trouve sur l'un des bas côtés de cet autel:

D. O. M.

SVMPT. ET MVNIF.
D. D. JOAN. MOVNIER
SACERD. AQ.
AC S. METR. ECCL.
BENEF. DEC.
ANNO M. D. CC. XXXIX.

Elle est en forme de croix grecque et surmontée d'un dôme, décoré depuis peu, de peintures à fresque très gracieuses; elles sont dûes, ainsi que les réparations récentes faites à l'autel, à la munificence et à la piété de feu M. Castellan, professeur-doyen de la faculté de théologie.

La fenêtre qui l'éclaire, de forme carrée, est entourée d'un cadre de vitreaux de peu de valeur.

Le tableau du fond représente la scène; MM. de Haitze et de St.-Vincens l'attribuent à Daret. Un grand grillage en fer, très bien exécuté en ferme l'entrée. Il est surmonté de divers emblèmes du sacrifice et d'une guirlande de feuilles de laurier dorées, au milieu de laquelle on lit cette inscription : *ego sum panis vitæ.*

On remarque encore dans cette nef diverses inscriptions plus ou moins anciennes, et d'autres plus ou moins curieuses par leur originalité.

Parmi les anciennes, on distingue celle de Bazile, évêque d'Aix, qui vivait sous le consulat d'Astérius, c'est-à-dire en 494.

. . . . . . NOIAR
BASILIO EP. IO
ANN. XXIII
VIII DI. IIT.
NOI OCTOB.
. . . . TERIO CONS.

Celle d'Adjutor, qu'on avait soumis à une pénitence publique :

HIC IN PACE QVIESCIT ADJVTOR QVI POST
ACCEPTAM POENITENTIAM MIGRAVIT AD
DOMINVM ANN. LXV MENSES VII DIES XV
DEPOSITVS S. D. IV KAL. JANUARIAS
ANASTASIO V. C. CONSVLE.

Ces inscriptions, bien antérieures à la fondation de l'église, ont dû y être transportées du cimetière qui tenait à l'ancienne ville.

Celles-ci, plus modernes, se font remarquer par leur singularité.

La première, composée d'un apostrophe et d'une *prosopopée par l'écho soustenue*, est ainsi conçue :

Av Diev Trinvm

À très vertvevse et très exemplaire damoiselle
Svzanne Casaneveve sa fidelle et tres
chère Consorte. Me Pierre Lavgier Doctevr
ès Droits et Advocat av parlement, tres
Regretevx et très marri marri, a
erige ce monvment.

Apostrophe

DE. L. A. F. S. C.

De fleurs sainctes, ceincte ame, or ceincte d'esprits saincts
En nos ronces malins, d'entiers fleurons, entieres
Tes temples tu ceignis en toutes cinq manieres
Des oreilles, des yeux, du nés, palais et mains.
Nature eust à desseing ne parfaire un ouvrage,
Et a dextre adouba, ses cinq outils formels,
Outils, les plus parfaicts, et il les fallait tels,
Pour honorer de tout, en tout tel personnage

L'oreiller entonnoir, ton vase a décoré,
Des accents et des tons aus chants, et rimes sainctes,
L'humble chaste prunell' a cent fois rouges teinctes
Tes joues, d'un sang froid blémies, coloré,
Plus ta couleur haussait, plus baissait ta poulpiere.
Les fleurs, ton flair flairait, flairante sur la fleur,
Les fleurs, croire, espérer chérir tout, puis ton cœur.
Ton tout, puis ta moitié, charité tout'entiere.
Ton palais, de raison, d'oraison le palais,
Logea maint beau propos, meinte saincte prière.
Ton poulce, d'un clair bois une claire poulsiere
Au ciel poulse et au ciel paulsée tu t'en vais.

Prosopopée par l'écho soustenue.

De F. S. C. A. P. L.

Adieu, je pars, j'y vay, or, adieu, j'y suis,. . . . . suis.
Et désireux scavoir que c'est que je devien. . . . . vien.
Quoi! mon estre je crains qu'il ne retourne à rien. . . rien.
Quoi! sans peur sans, regret aller ne puis. . . . . . et puis.
Grand clameur cri'-adieu, dieu en ce cours.. . . . . secours.
T'es or hor-mis de peur; mon soucy c'est à toi. . . . . oy.
Vien, j'appelle, je veux c'il que tant i'amoy. . . . . . moy.
Sus à moi, tost adieu, pars son oinct trescoux. . . . cours.
Qui t'arreste là bas, or, honneur, renom. . . . . non.
Le monde est frauduleux et frauduleusement. . . . . . ment.
Car qu'est-ce homme heureux, beau, fort, riche scavent. . vent.
Sus, sus, à la Cité d'élection. . . . . Sion.
Ce chétif monde alors que laisseras.. . . . . seras.
Heureux, trois fois heureux, si tu sens tes esprits. . . pris.
Au miel de ce désir, tes pleurs chants et tes cris. . . . ris.
Tourneront vers Sion quand finiras. . . . . itas.
Là du vivant la mort, un vivre meilleur. . . . . . . l'heur.

Souverain t'acquerra, toi sainct, sainct, sainct chantant. . tant.
De mill' ames, et moy, celle qui tout attend. . . . . tend.
A moi tost, tost à toy, plustôt vert que meur. . . . . meur.

Mil cinq cents, qvatre vingts, dix sept;

o dure mort,
La veille de ma gloire, ici ma gloire dort.
Après avoir esté nevf mois en mariage
Sur son trent'vn an, se termina son aage.

Dans l'inscription, presque tous les mots sont composés de lettres doubles. Les trois autres ont été destinées à des Anglais morts à Aix; les voici :

D. O. M.

SVB HOC MARMOREO CONDITÆ JACENT,
DONEC IN IMMORTALITATE REPARATÆ RESVRGANT
MORTALRS EXVLÆ,
PER ILLVSTRIS AC PRÆNOBILIS VIRI
B. JOANNIS WEBB, ANGLI
E COMITATV DORCESTRIENSI.
BARONETTI DOMINI DE CANFORD, POOL...
QVI ORTHODOXÆ FIDEI ZELO ET CONSTANTIA
ET PIETATE SINGULARI
CATHOLICORVM ANGLORVM EXEMPLVM FVIT,
AFFLICTORUMQVE SOLAMEN;
POMPÆ OSOR ET PAVPERVM PATER.
OBIIT DIE XVII OCT. A. D. M. DCC. XLV. ÆTATIS LXXV
REQVIESCAT IN PACE.
CONJVGI OPTIMO POSVIT VXOR MOESTISSIMA,
HELENA FILIA HONBLIS D. BARONETTI MOORE.

H. S. S.

TRES FILII JOANNIS DOLBEN
DE FINEDON IN AGRO NORTHAMPTONIENSI
ANGLIÆ BARONNETTI, ET HONOR.lis
ELISABETHÆ DOM.næ DOLBEN VXORIS
SVÆ, HON.mi GVLIELMI DOM.ni DIGBY
BARONIS DE GEASHILL IN HIBERNIA
FILIÆ
QVORVM MORTVVS EST

JOANNES		ANNOS
JACOBVS	VII CIRCITER	MENSES
GILBERTVS		HORAS
		NATVS

ANNO SALVTIS MDCCXXX.A
PARVVLOS TAM CITO PERFECERE
CIRCVLOS FESTINANTES CELESTIS
FACIEM INTVERI PATRIS,
NAM TALIVM EST REGNVM DEI.

Sur le même marbre et parallèlement à cette dernière épitaphe, il y en a une autre que voici :

EODEM ANNO, EODEM FERE TEMPORE,
FVNESTA VARIOLARVM SPECIES
VNA CVM PRÆMATVRA GILBERTI NATIVITATE
MATREM ABSTVLIT DESIDERATISSIMAM
QVAM POST VIGINTI ET TRES DIES,
EODEM MORBO PERCITVS

JOANNES SECVTVS EST.
CVM INCLARESCENTIS HVJVSCE SPEI
EXIMIIS ILLIVS VIRTVTIBVS
VNIVERSA HÆC ILLVSTRIS ET BONA CIVITAS
TANTIS OBSTVPESCENS MERITIS,
TAM PRECIPITI PERCVLSA FATO,
HVMANISSIMAS MISCENS LACRYMAS
PER AMPLVM PROEBVERIT TESTIMONIVM
DVLCI EORVM MEMORIÆ
MAXIMI AMORIS PIGNVS EXIGVVM
HIC DEESSE NOLVIT
PATER MOESTISSIMVS
MARITVS VERO
CHRISTIANA SOLVM CONSOLANDVS
FIDE.

On voit encore, tout près du bénitier, vis-à-vis le baptistaire, une épitaphe fruste, qui a été dégradée par l'incurie de ceux qui y avaient fait apposer un tronc. Nous la transcrivons telle quelle est actuellement, n'ayant pu nous la procurer toute entière :

HIC. SITVS. EST. CRETVS. COREOR. SANGVINE. CLEMENS.
REGVLA. QVI. MORV. QVI. SERVANTISSIMVS. EQVI
ASPERA. PONTIFICV. CVI. CVNCTA. ENYGMATA. LEGVZ.
CESAREI ER. OMNES. JVRIS PATVERE. RECESSVS.
ORATOR. RECTO. GEMINOS. QVI PECTORE FLEXIT.
PO-TIFICES. REGEMQZ. SVVZ. SEMEL. ORE. DISERTO.

H. . . VS. NOMEN. LATE. COLIT. INCLITA. VIRTVS.
SPIRITVS. ETHEREA. FRVITVR. NITIDISSIMVS. AVLA.
OP. . . ADEST. VRNA. HIC. . . . OGAT VTSE.
NOVERVNT. SACRIS. FONTIBVS. OS. . . . pies.
OBIIT V.TA AVGVSTI. . . . CCCC P.°

CHAPITRE V.

LA GRANDE NEF.

Cette nef, qui a été construite en deux tems différens, est en forme de croix latine, comme presque toutes les basiliques du moyen âge. Elle est la seule régulière et la plus majestueuse des trois, et la seule aussi avec ses deux transepts ou branches transversales, qui soit dans le genre gothique pur.

L'abside ou sanctuaire, le chœur et les deux transepts ont été élevés avec les offrandes du peuple (1), en 1285, sous l'épiscopat de *Ros-*

(1) Saint-Vincens, Mémoire sur les antiquités de Saint-Sauveur.

tang de Noves, dont on voit le portrait coiffé de la mître, à la clef de voûte du transept du midi, ainsi que le buste au point de départ de la nervure des ogives dans le transept du nord, et sous le règne de Charles II, dit le Boiteux, comte de Provence, dont on voit aussi le buste en deux endroits différens : d'abord au point de départ de la nervure de la voûte, vis-à-vis la chapelle de la Vierge; ensuite au-dessus de la rosace qui forme une des clefs de voûte du chœur, en face de la grande porte ; et celui de son épouse au point de départ de la nervure de la voûte, vis-à-vis la chapelle du *Corpus Domini*.

Le sanctuaire est de forme polygonale ; il est éclairé par sept fenêtres fort hautes qui, avant la révolution, étaient en forme de lancettes, surmontées d'une trèfle ; mais depuis on a détruit la nervure du milieu ainsi que les petites ogives qui en formaient les pointes, sans doute pour que le chœur en fût mieux éclairé. On n'a laissé subsister que les ornements qui les entourent.

La clef de voûte à laquelle viennent se rattacher toutes les nervures de l'abside, comme les rayons d'une étoile à leur centre commun, forme un grand médaillon représentant Jésus-Christ assis au milieu des nuages, tenant en main un globe terrestre. Il est entouré de quatre autres plus petits, figurant les emblèmes des quatre évangélistes (1).

Le chœur qui est grand et bien proportionné, renferme 98 stales ou siéges, y compris le petit trône où se place le prélat. En 1517, l'archevêque Pierre Filholi en fit fermer l'entrée par le moyen d'un grillage en fer (2); il n'y a plus aujourd'hui qu'une simple barrière en bois peint, en forme de balustrade. Ce n'a été qu'en 1720 que l'abbé de Thomassin, chanoine de cette métropole, en fit faire les boiseries à ses frais. Plus tard, il fut embelli par le pavé de marbre qu'on y voit encore.

(1) Une particularité remarquable dans toutes les anciennes basiliques en forme de croix latine, c'est que le point central de l'abside ne correspond pas à la porte du milieu de l'église. Il est ordinairement penché vers le côté droit, comme dans celle-ci. On a voulu sans doute, rappeler la pose de J.-C. sur la croix, et faire allusion à ces paroles de l'Évangile selon Saint-Jean : *ayant incliné la tête, il rendit l'esprit.*

(2) Pitton, Annales de l'église d'Aix.

C'est sous le bon roi René (1), c'est-à-dire vers le milieu du xve siècle, que la grande nef fut terminée aux frais du chapitre et d'Olivier de Pennart, archevêque d'Aix.

On voit, à l'une des clefs de voûte du milieu de la grande nef, le buste de cet archevêque; c'est le cinquième, y compris ceux dont nous avons déjà parlé. Ses armoiries sont aux angles du transept du purgatoire, où il avait fait élever son tombeau qui, depuis, a été transporté dans l'intérieur de la chapelle moderne.

On aura voulu sans doute perpétuer par là le souvenir des hommes pieux qui concoururent à la construction de cette cathédrale.

Elle a dans œuvre 225 pieds de long, depuis le fond de la chapelle St.-Mître jusqu'à la grande porte, 102 de large, depuis la grille du purgatoire jusqu'à la porte des cloîtres, et 60 de haut.

Nous allons maintenant examiner en détail les objets d'art les plus remarquables qui se trouvent dans cette nef.

Tout près de la grande porte à gauche, on remarque d'abord un grand tableau représen-

(1) Pitton, Annales de l'église d'Aix.

tant plusieurs saints et saintes qui rendent hommage à la Sainte Vierge, peint par G. de Crayer. Il fait partie de ceux que Louis XVIII donna à la ville en 1821, à la prière de M. de Forbin, directeur des Musées de France. Il est remarquable par la composition, le dessin et le coloris. G. Crayer passe pour avoir été l'un des plus habiles peintres de l'école flamande. On peut le comparer souvent à Rubens par la fonte de ses couleurs, qui est admirable. Son dessin est plus correct que celui de ce maître.

Vis-à-vis est un tableau représentant les innocens égorgés et l'agneau immolé, les innocens glorieux tenant d'une main leur palme, et de l'autre une couronne avec l'agneau debout. Il est attribué à un peintre flamand, nommé Elieser (1) Cet ouvrage est plein de poésie et de sentiment. La partie inférieure surtout est d'une beauté admirable (2).

(1) Porte, Aix ancien et moderne, deuxième, édition, page 155.

(2) L'auteur de ce tableau a voulu sans doute rendre par le pinceau l'idée du poëte Prudence dans son hymne sur les Innocents:

> Vos prima christi victima,
> Grex immolatorum tener,
> Aram ante ipsam simplices
> Palma et coronis luditis.

A gauche, sur l'autel qui est à côté de la chaire et que l'on nomme communément autel du peuple, parce que c'est là que se font tous les offices de la paroisse; on en voit un autre représentant l'incrédulité de St.-Thomas, par *Louis Finsonius*, peintre belge, qui avait habité pendant long-temps la ville d'Aix. On trouve dans plusieurs autres églises de la ville et de la Provence, d'autres tableaux de ce peintre, qui sont plus ou moins estimés; les têtes de celui-ci manquent généralement de noblesse, défaut de l'école flamande. Il est d'une grande sévérité de dessin, d'une bonne couleur, d'une fermeté de touche admirable; la lumière y est distribuée avec beaucoup d'art, et la composition rappelle la belle école italienne.

De l'autre côté, sur le banc qu'occupent MM. les chanoines pendant les prédications, on remarque un tableau gothique, très-curieux. C'est un triptique dont le milieu représente le buisson ardent sur lequel est placée la Vierge, tenant l'enfant Jésus; Moïse gardant les troupeaux est au bas du buisson, accompagné d'un ange qui lui parle. On voit, dans le lointain, une campagne riante et variée, ornée d'habitations et de rivières; sur un des volets l'artiste a représenté le roi René à genoux et en prière, ayant derrière lui *Sainte Magdeleine*, *Saint Antoine* et *Saint Maurice*. Sur l'autre volet est représentée Jeanne de Laval, seconde femme de René; elle est aussi à genoux et accompagnée de *Saint Jean*, *Sainte Catherine* et *Saint Nicolas*, tous patrons des deux personnages, de leurs ordres de chevalerie ou de leurs états. Les reverts, représentent l'Annonciation peinte en Camayeu (1).

Ce tableau avait été donné par René aux pères Carmes de cette ville, qui le placèrent dans leur église. On croit communément à Aix qu'il a été peint par ce prince, c'est une erreur; il est l'ouvrage de Jean de Bruges; ce roi, comme l'observent très bien la plupart de ceux qui ont agité cette question, ne peignit jamais à l'huile

(1) Le peintre a voulu rappeler combien fut intacte la virginité de Marie, que l'église compare au buisson ardent vu par Moïse près du mont Horeb, pendant qu'il gardait les troupeaux de son beau-père Jethro : *Rubum quem viderat Moyses incombustum, conservatam agnovimus tuam laudabilem virginitatem*, ant. des vêp. de la circ.

et ne montra, dans aucun de ses ouvrages, le talent que l'on remarque dans celui-ci (1).

Le chœur, comme nous l'avons déjà dit, est vaste et fait dans de belles proportions. Aux grandes solennités, il est orné d'une tapisserie qui avait appartenu à l'église de St.-Paul de Londres. On la vendit à l'époque de la réforme, parce qu'alors on bannissait des temples protestans les peintures et les sculptures. Elle fut portée à Paris et achetée par un chanoine de St.-Sauveur, en 1616, pour le prix de 1200 écus (2).

Cette tapisserie est divisée en 17 compartiments, dont un renferme deux panneaux, à l'exception du dernier qui n'en contient qu'un. Les cartons ou tableaux d'après lesquels elle a été exécutée appartiennent à l'école flamande, les sujets sont puisés dans la vie de Jésus - Christ, et dans celle de

(1) De Pilles, Abrégé de la vie des peintres, deuxième édition, p. 334. — La vie des peintres flamands et hollandais, par J.-B. Descamps, t. 1er, pag. 1 et suivantes. — C. Gaszinski, l'Église cathédrale de Saint-Sauveur, à Aix, p. 26.

(2) Registres du chapitre, Fauris de St.-Vincens.

la Ste Vierge. Le temps où elle fut faite est marqué sur la bordure entre la flagellation et le crucifiement. On y lit ces mots écrits en caractères gothiques....... *me fecit anno d. millesimo quingentesimo undecimo.* On y voyait les armes de William Warham archevêque de Cantorbery, qui en effet vivait en 1511, et celles de Henri VIII, roi d'Angleterre prince alors règnant. On croit que Catherine d'Arragon, première femme de ce prince est representée deux fois sur cette tapisserie. D'adord dans le compartiment de la descente de croix, sous la figure d'une reine à genoux et presque prosternée, et ensuite sous celle d'une femme placée à la droite de J.-C. prêchant sur la montagne, sujet du huitième compartiment. Il est probable qu'il y a d'autres portraits dans cette tapisserie (1). *Fauris de St Vincens* pense qu'on peut l'attribuer à *Quintin Messis, à Jerôme Dubois ou Jean Mabuse.*

Cette tapisserie en remplace une autre donnée à l'église par *Olivier de Pennart*, qui l'avait faite confectionner à ses frais. Du côté droit

(1) Porte, Histoire de Saint-Sauveur, mss.

étaient représentés les mystères de J.-C. et du côté gauche ceux de Marie, à chaque extrémité étaient les armes et le nom du prélat (1).

Il y a dans le chœur deux buffets d'orgues placés vis-à-vis l'un de l'autre. Le véritable qui est a gauche, est un seize pieds, composé de quarante-quatre jeux d'un effet harmonieux. Il y a quatre claviers dont un d'écho. Au clavier de récit se trouve un bon jeu de hautbois.

Ce ne fut qu'au commencement du quinzième siècle, dit M. de St Vincens, que la métropole d'Aix eut un orgue, nous croyons au contraire que cette église en possédait un auparavant, et vraisemblablement en même temps que la cathédrale de Marseille, c'est-à-dire, dans le quatorzième siècle. Nous fondons notre opinion sur une délibération du chapitre qui dit : qu'on veut faire entendre au roi René un orgue neuf, ce qui prouve qu'on se servait auparavant dans cette église d'un vieux orgue. Ceux d'aujourd'hui ont été faits par l'abbé Allemand, prêtre-bénéficier

(1) Sobolis, Catalogue historial des archevêques d'Aix, t. 2. p. 656 du manuscrit de Grenoble.

du chapitre, en 1724, les balcons des tribunes furent placés, à la même époque, aux frais d'une personne inconnue, qui donna à cet effet 1,500 francs.

En 1654, le chapitre ayant fait creuser la terre au milieu du chœur de cette église pour y faire des tombeaux, on trouva des débris de colonnes en granit et en vert antique, des fragments d'un zodiaque où l'on voyait les signes du Lion et de l'Écrévisse, et des parties d'inscriptions où on lisait en belles et grandes lettres : SOL..... VS. AQ. C. AVG. &. (*Soli populus aquensis coloniæ augustæ, etc.*, selon Pitton). On découvrit, en outre, la cuisse et le torse nu, mais traversé par une courroie destinée à supporter un carquois d'une statue, probablement d'Apollon, dont les proportions, au sentiment de Rambot, un des *galants sculpteurs et architectes à qui notre ville ait donné naissance*, selon le même Pitton, indiquerait un colosse de 24 pieds (1).

Le maître-autel qui est tout en marbre

(1) Ce torse et ces divers fragments furent transportés à l'Hôtel-de-Ville, où ils sont restés jusqu'à la révolution de 89; ils ont depuis entièrement disparu.

d'Italie offre dans son ensemble, un aspect imposant et majestueux, malgré la légèreté de ses proportions. Il est orné de six belles colonnes d'ordre corinthien, en marbre du pays, dit brêche d'Alep (1). Ces colonnes et le tabernacle qui est aussi en marbre et de forme sphérique, appartenaient autrefois à l'église des Dames Carmelites, aujourd'hui des Missionnaires. Vendues pendant la révolution, Monseigneur de Cicé, archevêque d'Aix, à l'époque du rétablissement du culte, les racheta pour l'ornement de cet autel; mais elles ne furent placées qu'en 1810. Elles sont surmontées d'une élégante coupole, à

(1) Elles sont tirées des carrières du Tholonet, château situé à une lieue d'Aix, appartenant à M. le marquis de Galliffet. Tous les côteaux de cette propriété sont composés de marbre brèche à fond jaune entremêlé de tâches rouges et brunes. *Marmor in modum varius disruptæ elegantiæ materies* (Valerius). Il est formé par l'assemblage de plusieurs cailloux de divers calibres, au moyen d'un suc agglutinatif qui les lie ensemble. C'est une espèce de poudingue qui reçoit très-bien le poli. Il ressemble parfaitement au marbre de Syrie, plusieurs même lui donnent la préférence. — Darluc, Hist. nat. de la Prov., t. 1, p. 53.

côté de laquelle se trouvent deux statues de grandeur naturelle, représentant les évangélistes St-Jean et St-Marc.

Les trois bas-reliefs qui le décorent, méritent de fixer l'attention des artistes. Deux d'entr'eux ornent les bases des colonnes, et le troisième le tombeau de l'autel. Les premiers sont les plus précieux : « l'un, celui de gauche, représentant l'enlèvement au ciel de Ste-Madelaine par les anges, est attribué à Puget, il est plein de grâce et de fraîcheur. La belle pénitente, enveloppée des tresses de ses cheveux comme d'un manteau, rappelle le fameux tableau de Titien, de la galerie de Florence, et un des anges qui la soutiennent du côté gauche est tout un petit poème, plein de sentiment; l'autre qui est à droite représente la communion de Madelaine, et celui du tombeau, la résurrection de Lazare. Ces deux bas-reliefs sont de *Veyrier* de Trest, élève de Puget, ils sont dignes de figurer à côté des ouvrages du maître. Ce qui prouve que l'élève a travaillé sous la direction même de ce célèbre artiste. La communion de Madelaine est une composition pleine d'onction et de délicatesse, la pécheresse de Galilée n'a rien de terrestre dans sa pose d'humiliation et de repentir, et un groupe d'anges suspendu dans les nuages, semble un bouquet de roses qui répand un parfum céleste (1). »

A côté de l'autel, tout près de la petite porte de la sacristie capitulaire est une crédence en marbre, ornée d'un bas-relief, chef-d'œuvre de délicatesse, de travail et d'exécution. Il représente une coupe entourée de fleurs, de gerbes de blé, de grappes de raisin et à côté des vases divers servant au sacrifice; c'est l'œuvre de Chastel, sculpteur provençal, dont le talent surpasse la réputation. Les ouvrages de cet habile artiste, qui sont nombreux dans cette ville, se font généralement remarquer par une grande suavité. Il est mort à l'hôpital des incurables, en 1793.

En dessus de ce bas-relief, on voit deux lions en marbre, dévorant des enfants. M. Millin pense qu'ils avaient appartenu à quelque tombeau du temps de la décadence de l'art (2). Le roi René les avait fait placer sous son

(1) C. Gaszinski, l'Église cathédrale St.-Sauveur d'Aix.

(2) Voyage dans les départements du midi de la France, t. 2, p. 271.

trône. Il voulait ainsi faire allusion à l'envahissement de ses états par plusieurs princes auxquels il attribuait la mort de son fils et de son petit-fils (1).

Non loin de là, dans un petit enfoncement, est le tombeau de Nicolas Fabry de Peyresc, savant illustre de cette ville. Ce tombeau, placé d'abord dans l'église des Dominicains par les soins de St-Vincens, père, fut transporté à St-Sauveur, aux frais de St-Vincens, fils. Ces deux hommes ont ainsi acquitté la dette de la ville, envers le savant le plus profond qu'elle ait produit.

Trois inscriptions sont gravées sur ce tombeau :

HIC SITVS

NIC. CL. FABRI PEYRESCIVS

AQVENSIS SENATOR

(1) Nous croyons au contraire que par ces figures de lion et autres bêtes fauves dévorant des enfants ou plutôt des hommes, qu'on trouve représentés sur la plupart des anciennes églises, on a voulu rappeler le triomphe des martyrs exposés dans les amphithéâtres.

CHRISTIANAM RESVRRECTIONEM SPECTANS
RECONDISSIMOS ANTIQVARIA SVPELLECTILIS THESAVROS
SAGACITATE, CONCILIO, LIBERALITATE
CVNCTIS ORBE TOTO DISCIPLINARVM STVDIOSIS
APERVIT
DOCTISSIMIS VNDÈ PROFICERENT
SÆPÈ MONSTRAVIT
MIRA BEATITATE FELIX
SECVLO SATIS. RIXOSO NOTISSIMVS SINE QVERELLA
VIXIT
VIII KAL. JVL. ANNO M.D.C.XXXVII
ÆTATIS SVÆ LVII.
OPTIMO VIRO BONOS OMNES
BENÈ DEPRECARI DECET.

Dans l'écusson au-dessous de l'épitaphe, on lit ces mots :

JVLIVS FRAN. PAVLVS
DE St VINCENS
POSVIT
ANN. M.D.CCLXVIII.

Sur le cippe de la colonne une autre inscription qui rappelle que le mausolée de Peyresc occupe la place du tombeau de Gaspard de la Garde baron de Vins, chef des ligueurs de Provence, mort au siège de Grasse en 1589. Ce fut le pays qui lui fit élever ce monument. De Vins était représenté couvert de son armure et à genoux sur le tombeau qui était placé sous une arcade grillée.

Entre le tombeau de Peyresc et la chapelle de Saint Mitre qui vient après, est l'inscription suivante transportée à St-Sauveur de l'ancien cimetière de St-Laurent. (1)

HIC. OSSA. SCORV
MENELFALI. EP. NECNO.
ARMTA.... A. ECCIA. BAT. LAV
RENT.... RA. SE POSITA.
TRANSITVS MENELF. X KL. MAI.
ARMENTARII. V.RO. NON CTB.

Menalphe et Armentaire étaient évêques d'Aix, l'un vivait vers l'an 425, et le second vers l'an 430.

(1) Ce Cimetière, le premier que les Chrétiens aient eu dans le pays, était situé au nord de l'ancienne ville tout près de la grande route qui conduit à Avignon.

CHAPITRE VI.

CHAPELLES DE SAINT-MITRE ET SAINT-JEAN.

Au fond du sanctuaire et derrière le maître autel sont deux chapelles : la première dédiée à St. Mitre, célèbre martyr et patron de la ville d'Aix, fut élevée dans le quinzième siècle par l'archevêque Aimon de Nicolaï. Le tableau qui pare l'autel est de ce temps. Il est curieux en ce qu'il constate l'état de l'art et les costumes de l'époque.

On y voit l'histoire du martyre de St. Mitre, d'après la tradition. Grâces à quelques anachronismes, le palais de justice, la métropole et les habitants, sont représentés tels qu'ils étaient dans le quinzième siècle. Au bas du tableau est le portrait du donataire et de sa famille (1).

(1) Porte, histoire de St.-Sauveur. mss.

St. Mitre fut enseveli dans l'ancien cimetière de St-Laurent. Dans la suite il fut transporté dans l'église de Notre-Dame de la *Seds* où on le plaça dans un sarcophage de marbr eblanc orné de sculptures polychromes représentant Jésus-Christ et les Apôtres, sur deux colonnes.

Longtemps après la ville des Tours ayant été ruinée et les habitants s'étant réfugiés dans la ville comtale ou au bourg St-Sauveur, comme nous l'avons déjà dit, les chanoines de cette dernière église retirèrent alors de Notre-Dame de la Seds, les reliques des saints et entr'autres celles de St. Mitre qui y étaient déposées et les placèrent dans la métropole. Le couvercle n'appartient pas au tombeau sur lequel il est placé, mais à un monument funéraire payen d'une plus petite dimension, il remonte à des temps plus anciens que le sarcophage, le travail en est très beau. Sur la frise du devant sont représentés des génies tenant des couronnes de roses et à chaque extrémité se trouvent d'un côté Neptune armé de son trident et de l'autre Cérès avec la corne d'abondance. Le tout est supporté par deux colonnes très antiques mais simples, qui paraissent avoir été coupées par le haut. Elles ne sont ni en granit ni en marbre, mais seulement d'une roche calcaire très dure, et dépourvue de chapiteaux.

Aimon de Nicolaï fondateur de la chapelle voulut y être enseveli, ses armoiries sont à la clef de voûte, son portrait en pied paré des ornements pontificaux, est gravé sur la pierre tumulaire qui couvre son tombeau vis-à-vis l'autel.

Une autre épitaphe se fait encore remarquer dans cette chapelle; c'est celle de Jacques de la Roque fondateur de l'hôpital général, dignitaire de l'ordre de Malte.

On y lit ces mots écrits en caractères gothiques :

HIC JACET NOLIS. FRATER TINGIMEN DE RVPE
P^O. CEPTOR. VALLISDROME SANCTI JOHANNIS
JHEROSOLIMITANI SACRE RELIGIONIS. . . .
OBIIT ANNO DOMINI . . . MENSIS SEPTEMBRIS.
CVJVS AIA. IN PACE REQVIESCAT.

La seconde chapelle, au fond du sanctuaire à côté de celle de St-Mitre, est sous le vocable de St-Jean-Baptiste. Elle fut élevée par André d'Estienne des seigneurs de St-Jean de la Sale, chanoine de St-Sauveur, nommé à l'archevêché d'Aix par le brevet du roi Charles IX. Elle est de forme octogone et surmontée d'une lanterne qui l'éclaire. Il y règne tout autour un certain nombre de pilastres cannelés, surmontés de chapiteaux corinthiens. Dans les entrecolonnements se trouvent des petites niches, mais vides de statues. Le retable de l'autel est un grand bas-relief en pierre blanche de Calissane ayant la forme d'un tableau ovale. Il représente Jésus enfant sur des nuages, tenant sa croix et le petit Jean-Baptiste à genoux lui baisant les pieds. Cette sculpture, pleine de grâces et de délicatesse, est due au ciseau de Veyrier de Trets déjà cité.

Cet oratoire était destiné à la sépulture des membres de la famille du fondateur. L'archevêque Canigiani la consacra le 1er avril 1582. A droite, en entrant dans la rotonde, on voit le tombeau de François d'Estienne, seigneur de St-Jean de la Salle, président à Mortier du parlement de Provence. L'inscription tumulaire qui était sur le devant du tombeau n'existe plus, mais on y voit encore intactes, les arabesques en relief qui lui servaient comme de cadre.

Entre le trône archiépiscopal et l'entrée de

cette chapelle, sont deux inscriptions modernes en l'honneur de Mgr. Champion de Cicé, archevêque d'Aix et d'Arles, dont le corps est déposé dans le caveau des prélats de cette église. Elles contiennent l'éloge du pontife. Ce caveau est immédiatement après avoir descendu les trois marches du sanctuaire au milieu du chœur.

CHAPITRE VII.

—

NEF DU NORD OU DE N. D. D'ESPÉRANCE.

Cette nef, la plus courte des trois à cause du clocher qui la coupe par le milieu, est presque entièrement de construction moderne. La partie basse jusqu'aux fenêtres, ainsi que les chapelles latérales, ne datent que de la fin du dix-septième siècle. Il n'y a de gothique que la partie supérieure. A cette époque le mépris de ce qu'on appela le *goût gothique*, fit qu'on négligea la méthode si précieuse des restaurations. Aussitôt qu'un édifice ou l'une de ses parties menaçait ruine, comme celle-ci on y appliquait sans scrupule des raccords, ou même des constructions complètes dans le *goût italien*.

Ces réparations furent occasionnées par l'ébranlement qu'avait éprouvé cette partie de l'église, lorsque les royalistes en firent le siège dans le temps de la ligue.

Voici ce qu'on y trouve de plus remarquable :

Sous le clocher, dans une chapelle fermée par un grillage en bois appartenant autrefois à l'Université, on voit un monument curieux de la fin du quinzième siècle. C'est un autel orné de figures de pierre. Ste-Anne ayant devant elle la vierge Marie et l'enfant Jésus, se trouve au milieu du rétable; à sa droite est St-Maurice, sous la protection duquel René avait placé l'ordre du croissant, et à sa gauche, Ste-Marthe foulant aux pieds la tarasque, monstre qui, suivant la tradition, désolait la contrée où est aujourd'hui Tarascon. Le bas-relief, qui figure sur la porte du tabernacle, est d'un travail assez précieux. Il représente le Christ (*ecce homo*) et les instruments de la passion. Dans la hauteur est un grand Christ en croix, en dessus duquel est placé le pélican figure du Sauveur des hommes. Aux deux côtés, sont le soleil et la lune.

Ce monument avait été élevé dans la sacristie de l'église des Grands-Carmes, par la famille Eygosy, ainsi que l'apprend l'inscription suivante en lettres gothiques.

Marie.

MATER. VIRGIS. ANA. GLOISA. VENERATUR. IN PNTI. CAPPELLA. NOBLIS. VIR. URBANUS AYGOSII. EXPOSUIT. HIC CULME. AMORIS. HORU. PATRU. PETIT SUFFRAGIA. SEPER. EE. SIBI PROPICIA. ANNO D.^{ni} M.^{o} CCCC.^{mo} LXX.^{mo} P.^{ntis} CALA. P. DEI GRAM. COPLETUR JANUARII. XXVIII.

Il a été transporté dans l'église de St-Sauveur par les soins de MM. de Beausset Roquefort, archevêque d'Aix et de Villeneuve Bargemont, alors préfet de ce département.

Nous avons dit que cette chapelle avait appartenu à l'Université. L. Rostang qui était bénéficier, maître des études et recteur de l'Université, y fut enterré en 1490. Son épitaphe, en lettres gothiques, existe encore quoique fruste au milieu du sol devant l'autel.

Il y est appelé *Ludovicus Rostagnus presbiter, clericus beneficiatus quondam magister studiorum et rector universitatis.* (1)

La chapelle qui suit est dédiée à St-Maximin, premier évêque d'Aix, et aux ames du purgatoire. C'est là que se font tous les services funèbres de la paroisse. Elle renferme le tombeau d'Olivier de Pennart, autrefois chanoine régulier dans le Maine, mort archevêque d'Aix en 1484. On y lit cette épitaphe :

Hic quiescit memoria coled^us^ dons. Oliverius de Pennart nacion^e^ cenoman. istius metropolis dignissim. archipresul domor. archiepiscopalin. mirifi. cstrut.^or^ ac iurius quorum cumq. ampliator et deffensor qui hanc ecclesiam tanquam unicam ejus sponsam ad dei omnipotentis laudem et virginis Marie ejus genitrix honorem heredem instituendo pciodis. iocalibus insignivit presentemq capellam suo sumptu vita sibi comite edifficatam opulenti distributione dotavit consecrat. IIII idus novembri millo CCCCIX.^o^ obiit octuagesimo quarto. V^o^ KL. februarii. On y voyait autrefois une statue qui représentait le prélat couché sur son tombeau.

(1) Porte ; Aix ancien et moderne, pag. 162, 163.

On a placé aujourd'hui, sur ce même tombeau une statue équestre de St-Martin, qui ornait anciennement la chapelle des Martins de Puyloubier, dont nous parlerons incessamment. C'est une anomalie sans exemple. Il paraît qu'on ne fit pas attention quand on la plaça, que les sculptures qui sont sur les tombeaux doivent représenter le personnage ou un sujet allégorique qui lui soit applicable. Il ne convient nullement à celui-ci. C'est un morceau des plus bizarres et des plus difformes qu'ait produit le ciseau du sculpteur. Les tableaux que l'on voit sur le mur opposé, représentent l'un, une sainte famille, et les deux autres, la circoncision et la présentation de Jésus au temple. Le premier, qui est le plus remarquable des trois, est un don de Mgr. Jauffret, évêque de Metz, administrateur de ce diocèse pendant quelques années et amateur très distingué. Les deux autres, moins estimés mais non moins remarquables, avaient appartenu aux religieux Augustins réformés, appelés communément pères de St-Pierre, ils sont encore assez bien conservés quoique exposés à des dégradations journalières, par l'humidité du mur contre lequel ils sont placés. On n'en connaît pas l'auteur.

La chapelle la plus marquante de cette nef est celle que l'on dit de l'archevêque. C'est là où se trouvait le tombeau de la famille des Martin de Puyloubier. Abandonnée depuis longtemps à cause de l'humidité qui y régnait, Mgr. du Beausset-Roquefort résolut de la faire restaurer et d'y établir le lieu de sa sépulture. Ce qu'il exécuta à la satisfaction de tout le monde; sa tombe, qui est au milieu, est recouverte d'une pierre tumulaire sur laquelle sont gravées au trait, les armes de sa famille avec cette inscription :

HÆC REQUIES MEA
IN SECULUM SECULI
HIC HABITABO QUONIAM
ELEGI EAM.

L'autel est orné d'un superbe tableau représentant l'adoration des Mages, il est de l'école de *Perugin* ; comme dans tous ceux de ce grand maître, on y admire la grâce des têtes et des mouvements, ces fonds azurés, qui donnent tant de saillie aux figures, ces teintes verdâtres, ces tons rosés et violets qui se marient entr'eux avec tant d'harmonie ; ces paysages, dont la perspective se dégrade avec tant d'habileté, enfin ces édifices dont l'architecture est si noble et si riche. En dessous est un retable en marbre avec cette inscription :

IN ISTO SACELLO INFANTIÆ D. N. JESU CHRISTO DICATO
OFFERUNTUR HOSTIÆ ET PRECES
PRO DEFUNCTIS ARCHIEPISCOPIS CAN. ET MINIST
HUJUS SANCTÆ METROPO. ECCLESIÆ.

On y voit encore quatre autres tableaux peints sur bois dans le genre gothique, ils représentent divers sujets de la passion, et sont très curieux.

Dans le transept en dessus de cette chapelle est une grande et belle fenêtre, admirable par ses vitraux qui sont dans une entière conservation. Ils appartiennent à la seconde période de l'art, c'est-à-dire à l'époque de la construction du chœur et de l'abside. Les principaux patrons de cette église y sont représentés au bas de chaque lancette ; tout l'espace compris entre l'auréole qui couronne chaque saint jusqu'à l'ogive, est rempli par des arabesques en grisailles ou des fonds de mosaïques colorés.

Les quatre feuilles, formées par les meneaux en pierre en dessus des lancettes, sont ornées de belles rosaces, la plus relevée est soutenue par deux personnages que nous n'avons pu reconnaître.

En dehors de la chapelle de chaque côté se trouvent deux bons tableaux donnés par Mgr. du Beausset. Celui de droite, peint par Jn.-Bte. Vanloo, représente la samaritaine.

CHAPITRE VIII.

—

CHAPELLE DE N. D. D'ESPÉRANCE.

La rotonde, qui est en face de la nef et qui est fermée par un superbe grillage en bois de noyer, surmonté d'un rosaire rayonnant au milieu duquel se trouve une petite statue de la Vierge, est le sanctuaire consacré à N.-D. d'Espérance. Il fut bâti en 1697, sous l'épiscopat de *Mgr. Daniel de Cosnac*, tandis que

MM. de Forbin la Barben, chanoine de cette métropole, *Granier*, prêtre bénéficier, *Boyer*, *Constant*, *Jn.-Bte. Daret*, *Levieux*, *Jn.-Bte. Marguerit*, etc., en étaient les prieurs. *Louis Vallon*, en sa qualité d'architecte, fut chargé d'en diriger les travaux. Son architecture est toute d'ordre corinthien. Le rétable est formé par une niche peu profonde, accompagnée de quatre colonnes de marbre noir, dont les chapiteaux ne semblent point être finis. Elle est surmontée d'une fort belle corniche ayant au milieu la forme d'un arc, sur lequel sont trois anges de marbre blanc, de forme très gracieuse; deux d'entr'eux sont dans l'attitude d'adorateurs et celui du milieu fixé sur le bord, semble encore regarder la belle croix en argent, qu'il tenait entre ses mains avant la révolution.

Cette croix était un *ex voto* du chevalier Louis de Lavalette, lieutenant-général de la flotte vénitienne qui fit vœu de la donner à l'église de St-Sauveur d'Aix, si l'île de Candie, investie alors par les Turcs qui en faisaient le siège, était délivrée. Ce qui arriva, en effet, en 1645. L'inscription suivante était gravée au pied de la croix : *ob liberationem persecutionis*

Candiæ Joannes Ludovicus de Lavalette exercituum serenissimæ reipublicæ venetæ generalis anno M.DCXLVI votum fecit et solvit.

Au milieu de la niche, sur le tabernacle qui est en forme de vase, se trouve une statue en pierre, peinte en couleur de bronze, représentant la Ste-Vierge sous le vocable de N.-D. d'Espérance; cette image est fort ancienne et a été dans tous les temps en grande vénération, non-seulement parmi les habitants de cette ville, mais même parmi ceux des villes voisines. On venait quelquefois de fort loin invoquer dans ce sanctuaire celle qui est l'espérance des chrétiens et le réfuge des pécheurs; la ville lui est consacrée par un vœu particulier, c'est pourquoi elle tient en main une couronne autour de laquelle se trouvent les clefs de ses portes.

Cette chapelle était autrefois surchargée d'ornements d'or et d'argent, et le trésor de la confrérie qui y est établie de temps immémorial renfermait des sommes considérables; c'est pourquoi les prieurs en 1637, voulant mettre à profit les fonds pieux qu'ils avaient en dépôt, fondèrent un *mont de piété, pour prêter aux pauvres sans intérêt sur leurs effets de quoi se secourir*, dit de Haitze.

Les gradins de l'autel se font remarquer par deux bas-reliefs en marbre blanc assez estimés. Le premier, celui de droite, représente les consuls de la ville, avec le costume du temps, offrant les clefs de la cité à l'enfant Jésus que sa mère tient entre ses mains.

Le second, à gauche, est une copie d'un autre plus grand et plus ancien qui avait été exécuté en pierre par ordre d'André Bonacursius, évêque de Tricarique, pour perpétuer le souvenir de sa guérison miraculeuse. Il représente ce prélat qui, ayant eu le malheur de perdre la vue, se recommande à la Ste-Vierge. Il est assisté de St-André, St-Laurent et St-Louis, évêque de Toulouse, ses intercesseurs et ses patrons. Ce fait arriva en 1312. L'ancien bas-relief ornait le devant de l'autel de la Vierge qui était adossé contre le mur du transept du nord où est aujourd'hui le grillage en fer de la chapelle, dite de l'archevêque. (1)

Ce pieux évêque ordonna qu'après sa mort

(1) Archives de la confrérie de N. D. d'Espérance, tom. 1er, pag. 40. mss.

son corps fut enseveli dans la chapelle de la Ste-Vierge, du côté de l'évangile où il est encore. La date de sa mort est du 3 août 1317, comme le marque son épitaphe gravée avec ses armes sur la pierre qui couvre sa tombe. Il y est représenté en pied, couvert de ses ornements pontificaux ; on peut la voir au bas du premier pilier, à droite en face de la chapelle actuelle.

CHAPITRE IX.

—

LE CLOITRE.

Le voyageur qui vient de visiter la vieille cathédrale de St-Sauveur, doit sortir par la porte latérale qui le conduit au cloître. Cette galerie, qui se trouve au milieu des anciennes habitations des chanoines, fut aussi construite dans le onzième siècle par le prévôt Benoît.

Quand on a admiré les cloîtres de St-Trophime d'Arles et celui de l'antique abbaye de *Sylvacane* tout près de la *Roque d'Antheron*, sur les bords de la Durance. On se montre peu curieux d'examiner longtemps celui-ci, surtout depuis que divers badigeonages lui ont fait perdre sa couleur antique.

Mais celui qui ne connaît pas les chefs-d'œuvre dont nous venons de parler, consacrera quelques instants à visiter ces constructions élégantes du moyen âge, aux frêles colonnettes, aux chapitaux si variés et si bizarres.

Le grand bénitier, qui est à l'extrémité de la première galerie à la porte de l'église, est un tombeau antique de marbre blanc.

Ce cloître est un assemblage de tous les genres d'architecture confondus les uns avec les autres et entièrement défigurés. Les ornements des colonnettes, qui le composent, sont suivant l'usage du temps où il fut construit, d'une bizarrerie fort étrange. L'artiste a tellement varié la forme des colonnettes et des chapitaux que sur près de 136, qui forment les galeries, on n'en trouve pas deux parfaitement égales. Il y en a de rondes, de carrées, d'octogones, de torses, de cannelées ou en spirales. Il est à présumer que quelques-unes ont appartenu à des monuments antiques qui se rapportent au temps de la décadence des arts. Parmi les colonnettes du temps de la construction de l'église, qui sont en plus grand nombre, plusieurs, comme celles du cloître de St-Trophime, ont leurs chapiteaux formés par des feuilles d'arbres ou par d'animaux, des paysages, des forêts, des figures hideuses ou grotesques, dans d'autres sont représentés des sujets de l'ancien et du nouveau Testament.

A droite, en entrant dans le cloître et sur un marbre blanc qui sert de banquette, est un fragment d'inscription dont la forme des lettres appartient au 10me ou au 11me siècles.

Il nous apprend qu'alors, le chant des Pseaumes de David était en honneur dans cette église. Primitivement l'inscription n'était pas dans ce lieu, puisque pour l'y placer on l'a coupée, et que les moulures qu'on y a faites, pour la rendre conforme aux autres pierres de la banquette, en ont fait disparaître une partie. Celle sur laquelle était le nom du personnage est tout à fait usée par le frottement, voici ce qui reste :

. . . .

. . . .

SPOLIVM INTRAVIT

PRÆCIPVVS ECCLESIÆ DOCTOR

CARMEN PSALMO . . . . GRATE CANERE DAVID

QVADRAGENIS FELICITER ÆVO

. . . CTIS PIETATE FVIT DIVES IN OMNES

FORTE CVM DIGNITATE REQVIRIS

E POSTREMA DEMONSTRANT.

M. de Saint-Vincens pense que c'est l'inscription tumulaire de *Grammaticus Pontius*. On peut consulter le mémoire qu'il a fait sur ce sujet, imprimé dans le recueil des Mémoires de l'Académie d'Aix, tome 1er, page 336.

On voit dans les galeries du levant et du midi, divers autels anciens qui se trouvaient dans la rotonde du baptistère, avant la dévastation des églises.

Et sur les arceaux de la galerie du nord, un grouppe de lions ainsi que le reste de l'armure d'un guerrier, qui étaient sur le mausolée de Devins, chef des Ligueurs de Provence, dont nous avons parlé, lorsqu'il a été question du mausolée de Peyresc qui l'a remplacé.

On y voit encore plusieurs statues mutilées qui avaient appartenu à diverses églises, et on lit au milieu de la galerie de l'est, l'épitaphe en lettres gothiques de *Blanche d'Anjou*, fille naturelle du roi René, qui se trouvait autrefois dans une chapelle de l'église des Carmes. La voici :

Cy gist Blanche d'Anjou, dame de Preseigni, fille naturelle de hault et puissant prince Réné, roi de Jérusalem, de Sicile et d'Aragon, duc d'Anjou et du Bar, comte de Barcellone et de Provence, qui trépassa le 16 d'avril MCCCCLXX.

Une curiosité particulière, et qui est demeurée presque inaperçue jusqu'à ce jour, c'est le marteau en fer qui se trouve au haut de la porte des cloîtres.

FIN.

www.ingramcontent.com/pod-product-compliance
Ingram Content Group UK Ltd.
Pitfield, Milton Keynes, MK11 3LW, UK
UKHW020315220726
13923UKWH00003B/1163

9 782014 466232